Bordeaux 12 Mars 1914

V

VENTE AUX ENCHÈRES
(DÉPART)

JEUDI 12 MARS
MOBILIER MODERNE

VENDREDI 13 MARS
COLLECTIONS D'OBJETS ANCIENS

TAPISSERIES ANCIENNES

BEAUVAIS, FLANDRE, AUBUSSON

(9 Panneaux & Fragments)

LOT TRÈS IMPORTANT

D'ÉTOFFES, SOIERIES, BRODERIES

LE TOUT DES XVIe, XVIIe & XVIIIe SIÈCLES

MEUBLES

Pendules, Objets de Vitrine, Éventails

ARGENTERIE, etc.

COMMISSAIRE-PRISEUR	EXPERT ASSERMENTÉ
Me J. DUVAL	M. ERNEST DESCAMPS
28, Rue Mably	2, Rue Jean-Jacques-Bel

MARS 1914

IMPR. & PHOTOTYPIE GUSTAVE CHARIOL
25, RUE DES FRÈRES-BONIE. — BORDEAUX

CATALOGUE

D'UNE

Collection d'Objets d'Art

ANCIENS

9 PANNEAUX TAPISSERIE

BEAUVAIS, FLANDRE, AUBUSSON

ÉTOFFES, SOIERIES & BRODERIES

LE TOUT DES XVIe, XVIIe & XVIIIe SIÈCLES

OBJETS DE VITRINE MINIATURES

ÉVENTAILS FINS

MEUBLES

Très belle Pendule, époque Consulat
Petit Canapé, époque Louis XV
Vitrine Louis XVI
Belle Armoire Louis XV, panneaux fleurs
Très beau Lit sculpté, époque Louis XVI, à colonnes, avec vases à fleurs, dorés
Vitrine Hollandaise, époque Louis XV
Belle Gondole, époque Louis XV

ARGENTERIE, etc.

Dont la Vente aux Enchères Publiques, pour cause de départ, aura lieu

SALLE DE VENTE DE L'ATHÉNÉE : 28, RUE MABLY

LES JEUDI 12 ET VENDREDI 13 MARS 1914

A 1 HEURE 1/2

Commissaire-Priseur
Me J. DUVAL
28, Rue Mably

Expert Assermenté
M. Ernest DESCAMPS
2, Rue Jean-Jacques-Bel

BORDEAUX

EXPOSITIONS : Les Mardi 10 et Mercredi 11 Mars 1914

de 9 heures à 11 heures et de 2 heures à 5 heures.

Explications

et Renseignements indispensables.

La vente que nous allons effectuer et dont suit catalogue étant due à un départ précipité, la rédaction n'a pu être faite que très succintement tant pour le classement que pour le détail des objets. Je p[illegible]*e donc le public de vouloir bien accepter mes excuses et de m'accorder l'indulgence voulue en pareille circonstance.*

Parmi les objets de vitrine nous ferons ressortir une série d'éventails français d'un goût exquis Louis XV et Louis XVI.

Deux gouaches du temps de Louis XVI : l'une ronde, l'autre ovale (pastorales séduisantes).

Deux gravures : Le Tambourin *et* La Noce de village, *par Taunay et Descourtis.*

Jolies soies des époques de Louis XIV, Louis XV et Louis XVI, en grands morceaux et bon état, broderies sur velours : une série de tombants, bandeaux, portières etc. en point de Hongrie, époque de Louis XIV, applications et broderie à grands ornements en polychrome sur fond blanc nacré, d'un effet merveilleux, état de neuf.

C'est surtout dans les tapisseries, pour lesquelles le temps plus que trop court ne nous a pas permis de faire les photographies, sauf la principale, que j'appellerai l'attention des amateurs. La collection se compose de verdures complètes et d'autres auxquelles manquent des parties de bordures ; deux des flandres, de qualité très fine comme dessin et charmant coloris, à personnages demi-grandeur, de la belle époque de Louis XIV et le séduisant panneau décoratif (de Beauvais) dont phototypie.

Quantité d'argenterie et parmi un très important et artistique déjeuner et son plateau, entièrement ciselé (Odiot).

Et pour terminer, une ravissante petite pendule de boudoir, tout en bronze ciselé et doré, sur socle de marbre bleu turquin d'Italie : délicieux bibelot de l'époque du Consulat, d'une conservation merveilleuse.

Ernest DESCAMPS
Expert assermenté.

CONDITIONS DE LA VENTE

Elle sera faite au comptant.

Les adjudicataires paieront **cinq pour cent** en sus des enchères.

L'exposition donnant toute facilité au public de se rendre compte de l'état et de la nature des objets, aucune réclamation ne sera admise une fois l'adjudication prononcée.

ORDRE DES VACATIONS

Jeudi 12 Mars 1914, du numéro 1 au numéro 48.

Vendredi 13 Mars, du numéro 49 jusqu'à la fin.

NOTA. — L'expert est à la disposition de MM. les acheteurs pour tous détails supplémentaires, ainsi que pour les achats à la commission.

DÉSIGNATION DES OBJETS

1 — **Lot Bibelots, Vitrine argent, ivoire, etc.** (à diviser).

MINIATURES, PEINTURES

2 — Un cadre noir, sculpté, avec vierge.

3 — Un cadre ovale, miniature, femme.

4 — Un cadre, vieille peinture, sujet femme.

5 — Une vieille peinture, femme et amour.

6 — Un tableau, bois noir, avec angle, formant bénitier et 3 motifs: saints en argent.

7 — Une miniatnre carrée, personnages.

8 — Trois petits cadres, unis.

0m15.

9 — Deux petits cadres, bois sculpté, italien.

10 — Un tableau marine, cadre doré.

11 — Un panneau ovale, fond noir, peinture.

12 — Une miniature, cadre non doré.

13 — Une boîte velours rouge, avec miniatures.

14 — Une petite peinture, marbre rond.

15 — Une miniature ovale, cadre cuivre.

DENTELLES

16 — Une ombrelle, vraie dentelle noire, manche en écaille.

17 — Une ombrelle, vraie dentelle blanche.

18 — Un lot dentelles anciennes.

EVENTAILS

19 — Collection d'éventails :

A Un éventail, personnages, monture noire.

B Quatre éventails Louis XVI, personnages.

C Un éventail Louis XVI, vernis Martin.

D Un éventail Louis XVI, monture ajourée or, paillettes, personnages.

E Un éventail Louis XV, groupe amour.

F Un petit éventail Louis XVI, dessins sur ivoire.

PEINTURES, GOUACHES

20 — Une sépia, cadre bois, signée Leprince.

21 — Une gouache sujet galant, 3 personnages (XVIIIe siècle).

22 — Une gouache ovale, époque Régence, charmant sujet pastorale, genre Boucher.

23 — Une gouache, portrait de jeune femme, en ovale, cadre peluche rouge.

TAPIS

24 — Un grand tapis d'Orient, dessins couleurs sur fond gris.

25 — Un grand tapis d'Orient, fond noir.

26 — Un grand tapis de mosquée, long, ancien.

3m × 0m95.

27 — Un tapis Persan, joli dessin, riche de décor et coloris.

2m40 × 1m40.

28 — Un grand tapis, soierie, fleurs, velours vert, entouré velours rouge et franges, époque de Louis XV.

2m35.

29 — Un tapis soie fond rose, personnages ; le tout brodé, fleurs, entourage dentelle, époque de Louis XIV.

2m.

30 — Un tapis soie et or rose, fleurs, fond moiré, Louis XV.

1m08 × 0m95

MEUBLES

31 — Deux chaises Hollandaises, anciennes, peintes, à sujets, marine, paysages, etc.

32 — Vaste Gondole, noyer naturel, garnie moderne, époque de Louis XV.

33 — Un canapé Louis XV, noyer naturel sculpté, étoffes du temps, à ramage, sur fond vieux rouge.

Long., 1m25.

34 — Un tabouret de piano, style Louis XVI, bois doré, étoffe ancienne.

35 — Quatre fauteuils, bois gris et or, recouverts d'étoffes anciennes, carrés, entièrement sculptés, style Louis XVI.

36 — Une petite encoignure hollandaise, genre vernis Martin, sujets et personnages (XVIIIe siècle).

37 — Deux colonnes bois chêne, à cannelures, chapiteaux à feuilles d'acanthe dorées (modernes).

38 — Bureau-Vitrine hollandais, tiroirs bas bombés, poignées bronze, époque de Louis XV.

39 — Une petite banquette cannée, laquée crème, coussins soie ancienne, style Louis XVI.

40 — **Un lit, époque Louis XVI**, à colonnes, grands panneaux avec vases, fleurs dorées.

41 — Vitrine plate à ressaults, surmontée d'une vitrine droite acajou, baguettes et cannelures cuivre, entièrement vitrée.

42 — Un coffre ancien, bois sculpté, époque du XVIe siècle.

1m65 × 0m70.

43 — Un petit meuble chêne, portes pleines et balustre, époque du XVIIe siècle.

Larg., 0m75.

44 — Un petit coffre ancien, bois noir, à tiroirs avec deux plaques, émaux peints de Limoges.

0m40 × 0m40.

45 — Une table, époque Louis XVI, en noyer rouge, sabot en bronze.

46 — Une grande armoire, noyer, entièrement sculptée, à deux portes, glaces, époque de Louis XVI, (superbe pièce et bon état).

Haut., 2m75; larg., 1m65.

47 — Lingère en cerisier, cannelures, époque de Louis XVI.

Haut., 2m75; larg., 1m75.

GRAVURES

48 — *La Noce de Village : Le Tambourin*, deux pièces en couleurs (Taunay et Descourtis). Cadre bois doré, de l'époque.

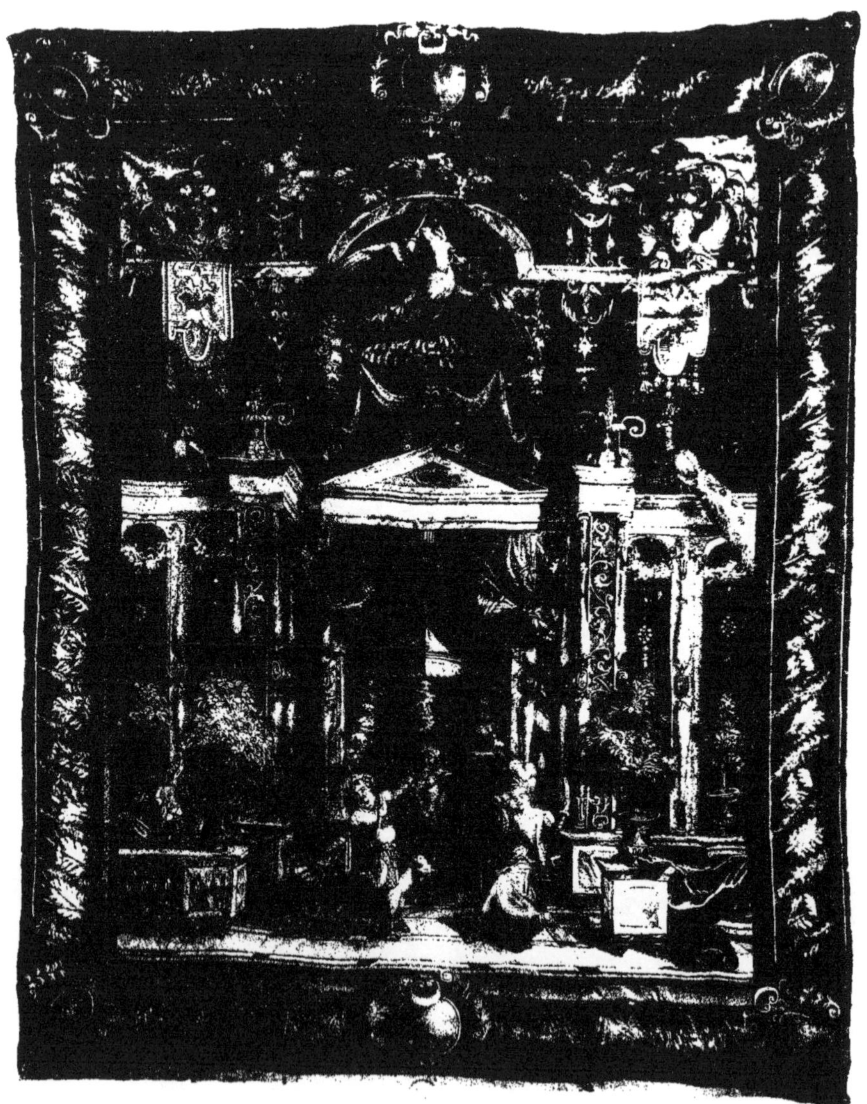

N° 95

ÉTOFFES ANCIENNES, SOIERIES & TAPIS

49 — Un tapis.

1 × 0 53.

50 — Un tapis et deux petits carrés vieux rouge, à ramages, époque de Louis XV.

0 85 × 0 53.

51 — Quatre lés, soierie vieux rose, fleurs et or, réunis en un morceau.

2 33 × 2 10.

52 — Un morceau de soierie, fleurs sur fond gris, époque de Louis XV.

1m35 × 0m80.

53 — Un morceau de soie, fleurs sur fond bleu ciel, époque de Louis XV.

1m × 0 63.

54 — Quatre magnifiques lambrequins, avec applications motifs or ancien, sur fond velours de Gênes rouge, époque de Louis XIV.

55 — Un grand morceau de soierie, fleurs et ramages sur fond vieux rose, époque de Louis XV.

2 65 × 0 78.

56 — Une superbe bordure, satin rose, brodée, oiseaux et fleurs, époque de Louis XIV.

Long., 2 30.

57 — Un petit paletot japonais, ancien.

58 — Soierie verte or et bouquets, époque de Louis XVI.

2m90 × 0m60.

59 — Soierie, couleur métal d'or, sur fond vieux rouge, grands ramages, époque de Louis XV.

1m05 × 1m.

60 — Un tapis, rayures et bouquets sur fond rose, époque de Louis XVI.

2m × 0m90.

61 — Quatre morceaux de soie, dessins jaunes sur fond gris, époque de Louis XV.

3m × 0m65.

62 — Un tablier, étoffe rayures or et vert, couleur de métal; Espagne, époque de Louis XIV.

63 — Un grand panneau, velours rouge, applications fleurs brodées, avec un agneau au centre ; Espagne, époque de Louis XIV.

64 — Ecusson broderie ancienne, sur peluche moderne ; Espagne, époque de Louis XIV.

65 — Deux portières, drap d'argent, avec bouquets de fleurs, encadrées de satin bleu, époque de Louis XVI.

Haut., 2m70 ; larg., 1m38.

Plus deux morceaux allant avec.

66 — Un dessus de piano, étoffe ancienne.

67 — Une chape, soierie rose, avec fleurs et ramages, doublée soie jaune, époque de Louis XV (très bon état).

68 — Une chape, fond gris, grosses fleurs et ramages, doublure toile grise, époque de Louis XIV.

69 — Deux lès, soierie fond vieux rose, fleurs formant tapis.

Haut., 1m ; larg., 1m.

70 — Une bande velours frappé, jaune et rouge.

71 — Un tapis rond, broderies or, fleurs, fond toile ancienne.

72 — Un carré festonné, points de Hongrie.

Haut., 0m75 ; larg., 0m65.

73 — Un carré, points de Hongrie : papillons, oiseaux.

Haut., 0m55 ; larg., 0m70.

74 — Deux bandes broderies or, personnages religieux ; Espagne, XVIe siècle.

75 — Une bordure, avec frange en points de Hongrie : fleurs, oiseaux.

Long., 1m90.

76 — Quatre portières, points de Hongrie, fond crème, entourées peluche vieux rose, fleurs en polychrome, à grands ramages, vases de fleurs, animaux, goût de la Renaissance, le tout sur fond jaune d'or et blanc d'argent ; conservation exceptionnelle et d'un grand effet ; époque de Louis XIV.

77 — Deux portières, points de Hongrie, fond crème, entourées de velours rouge : animaux et sirène.

78 — Quatre grands panneaux, points de Hongrie, fond crème : fleurs, animaux ; écusson.

Haut., 2m50.

79 — Frise points de Hongrie, fond crème, fleurs, en trois morceaux faisant total de 5m45.

80 — Une grande draperie de deux fenêtres, faite avec des broderies de bannières anciennes, découpées sur fond soie bleu ciel.

PENDULES

81 — Charmante pendule de petit salon, en bronze ciselé, doré, d'un modèle des plus harmonieux, tambour surmonté d'attributs bachiques, reposant sur deux pilastres cannelés, accolés de deux volutes et supportés par un socle marbre bleu Turquin d'Italie, orné de frises d'après Clodion, époque du Consulat.

Haut., 0m50; larg., 0m35.

82 — Une horloge boule, garnie de bronze.

LAMPES

83 — Paire de lampes modernes, en forme de cassolettes, bronze doré, sur marbre Turquin d'Italie : " Tisbée ", buste en bronze, signé : Adrien Fourdrin, Rome 1845.

Haut., 0m50.

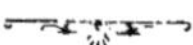

PANNEAUX DE TAPISSERIES

84 — Une bordure tapisserie Aubusson, époque de Louis XV.

Long., 2m65.

85 — Belle cantonnière Aubusson, fleurs et attributs, époque de Louis XV.

Haut., 2m85 ; Larg., 3m20.

86 — Deux portières tapisserie Aubusson, formant panneau coupé en deux, verdure, avec bordure, sujets mythologiques, deux personnages.

Haut., 3m ; Larg., 2m20.

87 — Un panneau tapisserie Flandres XVIe siècle, sans bordure.

Guerrier, couronné de lauriers, pêchant à la ligne dans une barque et donnant la main à une jeune femme en riche costume pour l'aider à descendre. Point très fin et d'une harmonie de coloris charmante.

Haut., 2m40 ; Larg., 2m.

88 — Un panneau tapisserie Flandres XVIe siècle, feuilles d'acanthe, représentant un guerrier ; la bordure en haut et en bas est ornée d'un aigle aux ailes déployées.

Haut., 3m35 ; Larg., 1m45.

89 — Deux tombants de tapisserie, XVIe siècle, avec petits personnages jouant de la mandoline, riches dessins.

Haut., 2m ; Larg., 0m35.

90 — Un fragment de verdure, à personnages, sans bordures.

Haut., 1m70 ; larg., 2m10.

91 — Un fragment, à personnages.

Haut., 2m60 ; larg., 1m55.

92 — Moitié de panneau Aubusson, coupée sur la droite, belle verdure, sans bordure.

Haut., 2m40 ; larg., 2m10.

93 — Très agréable verdure complète, oiseaux avec encadrement.

2m35 × 2m45.

94 — Très jolie verdure Aubusson, oiseaux, avec ses bordures sauf celle du bas.

3m × 2m20.

95 — Une très belle tapisserie de Beauvais du temps de la Régence, exécutée d'après un carton de Bérain.

Elle représente, sur fond vieil or, un portail à colonnades enguirlandées de fleurs avec balustrade ornée de vases et de plantes. Au milieu, sous un palanquin, on voit un buste de Priape qu'une nymphe pare de fleurs qu'elle prend dans une corbeille. C'est un petit fou accompagné d'une chèvre qui la lui présente. De chaque côté, arrivent en dansant des femmes en riches costumes, jouant du tambourin. Au-dessus de l'architecture, des paons et autres oiseaux, et, au milieu sous un arceau, un aigle aux ailes déployées. De chaque côté, des bustes de femmes ailées sur des bannières ornées de pampilles.

Bordure à feuille d'acanthe et écussons en jaune, de différents tons, sur fond bleu.

Haut., 3 15 ; larg., 2m45.

MEUBLES MODERNES

Chambre style Louis XVI et autres.

Salle à manger style Louis XVI.

Meubles de salon.

Très belles glaces.

Lustres et appliques électriques.

Superbes tentures état neuf.

Très importante argenterie.

Plats argent.

Vaisselle, verrerie.

Bibelots.

Grosse quantité de meubles
et objets divers.

Vins. — Literie.

Bordeaux. — Imp. G. Chariol, 25, rue des Frères Bonie.

www.ingramcontent.com/pod-product-compliance
Ingram Content Group UK Ltd.
Pitfield, Milton Keynes, MK11 3LW, UK
UKHW021039260726
13994UKWH00005B/2253